천년의시 0106

슬픔의 뿌리, 기쁨의 날개

천년의시 0106
슬픔의 뿌리, 기쁨의 날개

1판 1쇄 펴낸날 2019년 12월 6일
지은이 이정범
펴낸이 이재무
책임편집 박은정
편집디자인 민성돈, 장덕진
펴낸곳 (주)천년의시작
등록번호 제301-2012-033호
등록일자 2006년 1월 10일
주소 (03132) 서울시 종로구 삼일대로32길 36 운현신화타워 502호
전화 02-723-8668
팩스 02-723-8630
홈페이지 www.poempoem.com
이메일 poemsijak@hanmail.net

이정범ⓒ, 2019, printed in Seoul, Korea

ISBN 978-89-6021-465-1
     978-89-6021-105-6 04810(세트)

값 10,000원

*이 책 내용의 전부 또는 일부를 재사용하려면 반드시 저작권자와 (주)천년의시작 양측의 동의를 받아야 합니다.
*잘못된 책은 바꾸어 드립니다.
*지은이와 협의에 의해 인지는 생략합니다.
*이 책의 국립중앙도서관 출판시도서목록(CIP)은 서지정보유통지원시스템 홈페이지(http://seoji.nl.go.kr)와 국가자료공동목록시스템(http://www.nl.go.kr/kolisnet)에서 이용하실 수 있습니다.(CIP 제어번호: CIP2019049210)

슬픔의 뿌리, 기쁨의 날개

이정범 시집

천년의 시작

시인의 말
―두 번째 시집을 내면서

부랴부랴
또 한 권의 시집을 내놓는다.

2016년에 쓴 300여 편의 시 중
우선 괜찮다고 생각되는 것들을 다듬은 것이다.

첫 시집을 낼 때보다
시를 다듬는 일이 조금쯤 수월해졌다.

수월해진 만큼
조금 더 나은 시인이 되었는지는 모르지만.

2019년 초겨울
이정범

차 례

시인의 말

슬픔의 뿌리, 기쁨의 날개 ——— 11
무기와 악기의 차이 ——— 12
승강기 ——— 13
살맛 ——— 14
아, 가을 ——— 16
입춘 ——— 17
정신 줄 ——— 18
지하철 안에서의 명상 ——— 19
하늘과 땅 사이 ——— 20
가슴과 머리 ——— 21
경쟁 ——— 22
관점의 차이 ——— 24
글쓰기와 마라톤 ——— 26
슬픔이나 고통이 올 때는 ——— 28

최근의 하나님으로 말하자면 ——— 30
무의미에 대하여 ——— 32
삶과 죽음의 경계 ——— 33
빗속을 달리며 ——— 34
삶의 절정 ——— 36
시를 쓸 때만큼 ——— 38
엔니오 모리꼬네 ——— 39
열망에 대하여 ——— 40
인체해부학 개론 ——— 41
열심일 때보다 위대한 시간은 없다 ——— 42
죽음에게 ——— 44
천국 ——— 45
햇빛 앞에서 ——— 46
겨울 ——— 47

사람의 향기 ——— 48

무거운 귀가 ——— 50

보조 키 ——— 52

부리나케 ——— 54

시를 쓸 때 나는 ——— 56

종교와 시詩 사이 ——— 58

어떤 진화進化 ——— 60

여의도 강변에서 ——— 61

죽음의 색깔 ——— 62

겨울바람 ——— 63

함박눈을 맞으며 ——— 64

군침 ——— 66

근심 ——— 68

내가 달려야만 하는 이유는 ——— 70

삶이 가장 두려워하는 것 ——— 71
늙어가면서 변하는 것 ——— 72
둥근 마음이여! ——— 74
선정禪定 ——— 76
쓰레기를 버리며 ——— 77
식탁 ——— 78
아픔 없이 어떻게 ——— 80
여행 ——— 81
죽음 ——— 82
천년 전의 약속 ——— 83
초가을 ——— 84
침묵을 여는 소리 ——— 85
타락과 고통 ——— 86
투명함에 대하여 ——— 88

해 설

문종필 사이 ——— 89

슬픔의 뿌리, 기쁨의 날개

슬픔에도 뿌리가 있다
마음 한없이 깊게 하는

기쁨에도 날개가 있다
마음 한없이 높게 하는

슬픔이 땅의 것이라면
기쁨은 하늘의 것이기 때문에

슬픔에는 날개가 없고
기쁨에는 뿌리가 없기 때문에

내 마음속에서 희비가 엇갈리는 것은
천지가 치열하게 영역 다툼을 벌이기 때문이다

한 생명이 여기
이 생生을 졸업한다는 것은,

슬픔은 육체처럼 무거워 땅으로 돌아가고
기쁨은 영혼처럼 가벼워서 하늘로 돌아가는 일이다

무기와 악기의 차이

무기가 인간과 악마 사이에 있다면
악기는 인간과 천사 사이에 있다

무기가 인간을 하나님으로부터 멀어지게 한다면
악기는 멀어진 하나님을 인간 가까이 모셔 오기 때문에

무기가 인간과 하나님 사이를 이간시킨다면
악기는 인간과 하나님 사이를 화해시키기 때문에

무기가 인간이 만든 악마에 가깝다면
악기는 인간이 만든 천사에 가깝기 때문에

무기가 전쟁에 이바지한다면
악기는 평화에 기여하기 때문에

승강기

내 안에도
하루에 수십 번

천국과 지옥 사이
천사와 악마 사이

오르내리는
승강기가 있다

살맛

세상에 수많은 말들 중에서
맛이란 말보다 더
군침 돌게 하고
성스럽고
섹시하고
혁명적인 말은 없다

맛없는 삶은
죽음과도 같기 때문에

맛이야말로
무미건조한 일상에 균열을 내며 솟아오르는 샘물이거나
구름 사이로 쏟아져 내리는 빛의 폭포이기 때문에

내 몸에서 태어나는
여러 가지 맛 중에서도
뼛속까지 휘어잡는
맛 중의 맛, 으뜸 맛은
살맛

삶을 삶답게 하고
삶을 맛나게 하는
죽음이 제일 두려워하는 맛이기 때문에

아, 가을

순해지고 있다

햇볕의 따가운 손끝도
바람의 거친 보폭도
시냇물 요란하게 흐르는 소리도
억새잎 시퍼런 날도

맑아지고 있다

짐승의 충혈된 눈망울도
강물의 들떴던 마음도
하늘의 어질러진 가슴도

고요도 깊어지고 있다

단풍잎이
한 잎 두 잎
황홀한 곡선을 그으며 내릴수록

입춘
―참새들의 위문 공연

탄천 둔치 버드나무 한 그루에
수백 마리 참새가 앉아있다

합창하듯이 입을 모아 재잘대는 모습을 보니
쓸쓸한 버드나무 위문 공연 온 것 같다

잠시 후에 이웃 벚나무로 급히 떼를 지어 이동하는 걸 보니
해 지기 전에 한 나무라도 더 위문을 해주려는 것 같다

참새들이 앉았던 자리에
곧 연둣빛 새싹이 돋아 나올 것 같다

정신 줄

세상에서 가장 소중하면서도
세상에서 가장 위험한 줄

저 줄을 놓치거나
저 줄이 느슨해지는 순간

신神과는 아득히 멀어지고
짐승과는 바짝 가까워지기 때문에

지하철 안에서의 명상

한여름 무더위 속
냉방이 잘 돼있는 지하철을 타고 가는데
노인 몇이 부채질을 하고 있다

에어컨과는 관계없이
시원함과도 상관없이
여름이면 무조건 부채질을 해야 한다는 듯이

부채질을 하지 않으면
부채에 미안하거나
부채에 빚을 지는 것 같고

부채질을 하지 않으면
여름을 보내준
하나님한테 죄짓는 것 같아서

그렇게 열심히 부채질하는 노인은
평생 쌓인 부채負債가 워낙 많아
죽을 때까지 안간힘으로 부채질을 해서라도
부채負債를 조금이라도 덜어보려는 듯이

하늘과 땅 사이

하늘이 이 땅에 보내는 명랑한 마음이
햇빛이나 별빛이라면

구름은
이 땅이 하늘에 보내는 우울한 마음

하늘이 이 땅에 보내는 채찍이
천둥 번개라면

무지개는
이 땅이 하늘에 보내는 반성문

가슴과 머리

가슴과 가슴은 쉽게 연결되지만
머리와 머리는 쉽게 이어지지 않는다

가슴은 서로 최대한 가까이 다가가
하나가 되고 싶어 하지만

머리는 서로 최대한 멀리 떨어져
제각기 독립을 하고 싶기 때문에

가슴은 이타적이지만
머리는 이기적이기 때문에

세상이 갈수록 각박해지는 것은
가슴은 작아지고 머리는 커지기 때문이다

경쟁
―숲에서

푸른 숲!

멀리서 바라보면
한마음으로 통일된
그지없이 평화로운 그림 한 편이나

가까이 다가가 들여다보면
땅 한 뼘
물 몇 모금
햇볕 한 줌이라도
더 차지하기 위해 다투는
나무들의 치열한 싸움터

그렇지만
더욱 자세히 눈여겨볼 것은
경쟁 자체가 아니라
경쟁의 방식

사람 사는 세상처럼
피 흘리고

고막 터지는
악다구니 전쟁이 아니라
소리도 없이
아주 고요하게 다투고 있다는 것

경쟁은 이렇게 하는 것이야
인간들에게 한 수 가르쳐주듯이

관점의 차이

같은 아파트 건물인데도
내가 사는 12층에서 밖을 내다보면
주변의 산이 사방팔방의 아파트에 가려져 거의 안 보이는데
꼭대기 14층에서 내다보면
청계산과 관악산 줄기가 한눈에 들어온다

불과 2층 높이
불과 6m 안팎 높이 차이인데도
12층에서 내가 볼 수 없는 것을
14층 사람은 아예 창문에 넣어두고 산다

(물질의 세계에서 이 정도 높이 차이에
보고 못 보는 것이 갈라진다면
정신의 세계에서는 백지 한 장 차이에도
깨닫고 못 깨닫는 것이 얼마든지 갈라질 수 있다는 생각)

그런데
나는 14층에 저녁 식사 초대받아 올라가자마자
창밖에 펼쳐진 청계산과 관악산 줄기를 바라보며
잃어버린 신神을 찾은 것처럼 감탄하고 기뻐하는데

정작 14층 남자는 관심이 없다는 듯 무덤덤하다

14층 남자가 매일매일 하루에도 몇 번
나한테는 보이지 않는 신을 향해 경탄의 눈물과 미소를 보내는데
나는 그가 믿는 신을 향해 무덤덤해하는 것처럼

그 이유인즉
나는 유물론자唯物論者이고
그는 유심론자唯心論者이기 때문일까

글쓰기와 마라톤

일그러지고 누추한 하루 중 그나마
내가 그럴듯해 보이는 시간은
맨정신으로 글 쓰는 시간과
맨몸으로 달리는 시간

잡념을 털어내고
혼탁한 욕망을 닦아내며
내 몸을 청소하는 시간이기 때문에

돈도 안 되고
오로지 나한테만 쓸모가 있고
오로지 나한테만 인정받는 시간이지만,

이 시간만큼
내가 빛나는 시간도 없기 때문에

글을 쓰고
달리는 시간만큼
내가 가장 나답고
내가 가장 지구답고

내가 가장 우주다운 시간은
이곳 내 삶 어디에도 없기 때문에

슬픔이나 고통이 올 때는

내게 슬픔이나 고통이 올 때는
그냥 아무 말없이 받아들이기로 하자

내가 무의식적일 만큼 자연스럽게
매일매일
매 순간 순간
자연 속 내 다른 한쪽
햇빛과 공기와 어둠을 받아들이듯이

슬픔이나 고통이 내게 올 때는
오지 않으면 안 될
그만한 이유가 있을 것이라고 생각하자

나도 모르는 내 안의 그가
나도 모르게 내 자신이 그토록 간절하게 원한 것이
슬픔이나 고통인 줄 알고 내게로 보낸 선물이거나,

아니면, 내게로 오는 슬픔이나 고통은
언젠가 내 몸에서 떠난
내 몸의 일부였던 기쁨이었거나,

그 어떤 연유에서건
중요한 것은,

슬픔이나 고통이 지나갈 때마다
내 자신은 부쩍부쩍 자라거나 성숙하고
더 큰 성장 더 알찬 성숙을 위해
더 큰 슬픔이나 고통을 맞이할 준비를 한다는 것

최근의 하나님으로 말하자면

우주가 변하고 있다는 것은,

이 우주나 하나님도
완성된 그 무엇이거나
완전한 그 무엇이
결코 아니라는 것

완성된 그 무엇
완전한 그 무엇을 향해
여전히 꿈을 꾸고 있고
여전히 변화와 혁신을 도모하고 있다는 것

지금 이 순간도
마음에 들지 않는 것
필요하지 않은 것
낡은 것은
가차 없이 뜯어고치거나 없애고

새로운 그 무엇
새로 필요한 그 무엇을

끊임없이 창조하고 있다는 것

망가지는 지구를 내려다보고는
이 지구에 인간을 보낸 것은
일생일대의 가장 큰 실수이거나 실패라며
가끔은 천둥 번개로 제 가슴을 쾅쾅 치고
두 눈에서는 눈물을 주룩주룩 흘리며
후회도 한다는 것

그래도 아주 가끔은
푸른 지구를 물끄러미 내려다보다가
허공에 무지개를 피우며
미소를 지을 때도 있기는 하지만

무의미에 대하여

세상에 무의미한 것은 없다
무의미하다고 여기거나 생각하는
세상의 그 무엇에 대한
무관심이나 낡은 시선이 있을 뿐이다

삶과 죽음의 경계

떠있던 눈 영영 감고
뛰던 심장 영영 멈추는
아주 잠깐이면서도
이승과 저승
그 아득한 사이

빗속을 달리며
―천둥 번개

천둥 번개 치며 장대비 쏟아질 때
내리는 빗줄기 온몸으로 맞으며 벌판을 달리면
머리가 아닌 가슴으로 저절로 알게 된다

뒤늦게 오는 천둥보다
먼저 소리 없이 오는 번개가 훨씬 무섭다는 것을

세상의 어머니들은 아무리 화가 나도
먼저 자식의 종아리부터 치는 법이 없다
말씀으로 마음부터 먼저 치신다

마음 단단히 먹어
매를 맞아도
몸은 덜 다치고
마음은 더욱 성숙해지도록

그런데 하늘은 그렇지 않다
늘 침묵으로 수없이 경고하고
그래도 깨닫지 못하거나 무시하면
종아리부터 치신다

아예 목숨부터 치신다

그래서 내게는
천둥의 하나님보다
번개의 하나님이 훨씬 두렵고 무섭다

삶의 절정

"신선놀음에
도낏자루 썩는 줄 모른다"
는 말도 있듯이
삶의 절정은 놀이에 가깝다

내가 감쪽같이 없어질 정도로
나와 같이 노는 대상이나
내가 몰입되어 있는 놀이에
내가 추호의 빈틈없이
하나가 될 때는 없기 때문이다

놀이에 얼마나 오래
깊숙이 몰입했으면
도낏자루 썩는 줄도 모르겠는가

천년 세월이 흐르도록,

도끼에 마음 상하지 않고
밥에 마음 상하지 않고
시간에 마음 상하지 않고

나에 마음 상하지 않도록

도끼도 잊고
밥도 잊고
시간도 잊고
나도 잊고

오직 놀이 하나에 푹 빠져 살 수 있는
그런 삶이 있다면
나도 한 번쯤은 그런 삶 살고 싶다

놀이에 깊이 취해 있는 그 시간만큼은
도낏자루는 썩어도
나는 추호도 썩지 않을 만큼
놀이의 절정에 도달한
처음 그 시간에 머물러있기 때문에

시를 쓸 때만큼

시를 쓸 때
나는 비로소
나의 우물에서 벗어나

시대 한복판
역사 한복판
우주 한복판에 선다

시를 쓸 때만큼
내가 나를 벗어나

바다나
산이나
하늘만큼

넓어지거나
높아지거나
깊어질 때는 없다

엔니오 모리꼬네
—영화 '미션'의 주제곡 '넬라 판타지아'를 들으며

당신과 같은 시대에 있었던 것만으로도
나는 이 세상에 태어나길 잘했다

이 음악 한 곡을 들을 수 있었던 것만으로도
나는, 지금 죽는다 한들 여한이 없다

당신이 없고 이 음악이 없었다면, 어떻게
보이는 이 세상보다 더 크고 아름다운 세상이,

보이지 않는 내 영혼 속에 존재한다는 것을
내 몸보다 더 확실하게 알 수 있었을까

당신의 음악은 당신이 만든 것이 아니다
신이 당신을 통해 이 세상에 내보낸 것이다

인간의 한평생은 짧지만
이 삶 저쪽은 영원하다는 것을

영원 저쪽에서 온 당신의 음악을 통해
다시 한 번 눈물 흘리며 깨닫는다

열망에 대하여

미래 어느 시점이나 어느 곳
지금 여기보다 나은 그 무엇에 이르고 싶다는
뜨거운 마음 한 자락이 있고,

그곳
그 시간을 향해
뚜벅뚜벅 한 걸음 한 걸음 다가갈 수 있다면,

그 길
멀고 외롭고 힘든
가시밭이라 하여도,

그 삶
살 만한 삶이고
눈물겹도록 고마운 삶이다

인체해부학 개론
―두 개의 정부

내 몸에는
머리와 가슴
두 개의 정부가 있다

팔과 다리는 머리의 관할이지만
가슴부터 성기까지는 가슴의 영역이다

머리는 차가운 보수에 가깝지만
가슴은 뜨거운 진보에 가깝다

이 한 몸속 두 개의 정부는
서로 화합하기도 하고
서로 으르렁거리기도 한다

화합할 때는 행복을 생산하지만
불화할 때는 불행을 생산한다

열심일 때보다 위대한 시간은 없다

몸을 열심히 움직이건
마음을 열심히 움직이건

열심일 때보다
위대한 시간은 없다

세상의 모든 걸작들은
다 열심에서 피어나는 꽃이므로

열심은 집중과 몰입으로 가는 지름길이고
집중과 몰입이 극에 달하는 그 순간만큼은,

나도 시간도 없는
오로지,

내가 우주와 한 덩어리 되고
우주가 나와 한 덩어리 될 정도로,

영원한 그 무엇에 도달하는
무명無名의 첫 시간이므로

내가 열심 밖에서 멍하니 있을 때도
이 지구는 오직 한마음 열심으로 돌며,

오로지 이 지구 구석구석
꽃 피우는 일에 몰두하고 있다

죽음에게

너는
내 존재의 어머니인 그가
이 세상에서 나에게 주는
마지막 큰 선물인지도 몰라

그토록 비우고 싶어도 비우지 못한 것을
일시에 온전히 비우게 하고
그 비운 그릇에 다시
새로운 생명을 온전히 채워주기 위한

천국

둥근 하늘 아래서,

둥근 태양
둥근 산 바라보며
둥글둥글 사는 것도
지복至福인데

보름달 닮은
둥근 마음과 함께
둥근 웃음을
매일매일
하루에 몇 번이라도
얼굴에 담을 수 있다면,

그날
그 자리
그 둥근 시간이야말로
바로 천국일 터!

햇빛 앞에서

숨소리 한 번 내지 않고
오색영롱한 보석 꼭꼭 숨긴 채
온 누리 환히 밝혀 주는
저 햇빛 앞에서

나는
영원한 무명無明이다

내가 햇빛을 위해 할 수 있는 일은
햇빛이 환하게 길을 열 수 있도록
오로지 영원한 무명無明이 되는 길뿐이다

거울

겨울은
집중하고
몰입하는 시간

버릴 것 다 버려
가장 가볍고
가장 투명한 정신으로
가장 깊은 고요에 들어가는 시간

맑음과 고요함의 절정
거울이 되기 위해서

사람의 향기

이른 아침,
야외에서 운동을 하고 집으로 돌아오는 길
아파트 승강기를 탔는데
향수 냄새가 기분 좋게 코를 자극한다

방금 전 한 젊은 여자가
아파트 현관문을 열고 나갔는데
출근하며 남겨 놓은 향기인 것 같다

살짝 몸에 묻힌 향수 한 방울에도
마음속 확 바뀌며
마음 환해지는
이 기분 좋은 아침
갑자기 고전古典이란 말이 떠오른다

고전이야말로,

마음 가장 깊은 곳에서 길어 올린
천 년이 지나도 사라지지 않는 사람의 향기

향수보다 몇만 배 더 환하게
내 마음과 세상을 밝히는 향기

무거운 귀가

한여름 어둠이 채 가시지 않은 이른 아침
건설 중인 신도시 아파트 공사 현장에서
무슨 일이 있었던 걸까

새벽같이 집을 나온 노동자들
각자 자기 자리에서 맡은 일을 시작하는데
한 사람은 현장을 빠져나와 다시 버스 정류장으로 향한다

담배 한 대 피워 물고
고개는 푹 숙인 채

막노동하려고 왔는데
일자리가 없었던 걸까

아니면 갑자기 집에
무슨 변고가 생긴 걸까

가족들의 내일이 캄캄하여
담배 연기만 하늘로 멀리 보내는
저 천근만근의 발걸음

짊어진 배낭 속에는
아내가 새벽같이 마련해 준
아직도 따끈따끈한 보온 도시락이 있을 것이다

보조 키

이사 가는 날 아침
귀중품을 챙겨 가방에 넣은 다음
지하 주차장에 있는 승용차 트렁크에 실어놓고
다시 20층 내 아파트로 올라왔는데
아내가 느닷없이 자동차 열쇠는 잘 가지고 있느냐고 묻는다

방금 전에 사용했지만
혹시나 하여 주머니를 뒤지니, 없다
갑자기 몸에서 식은땀이 난다
아무래도 승용차 트렁크를 열고 가방을 넣은 다음
열쇠를 트렁크 바닥에 놓고 그냥 닫은 것 같다

안절부절못하고 있는데
아내가 화장대 서랍을 뒤지더니 보조 키를 꺼내 쑥 내민다
얼른 지하 주차장으로 내려가 보조 키로 승용차 트렁크를 여니
예상한 대로 바닥에 열쇠가 얌전히 놓여 있다

아! 고마운 보조 키
나도 또 하나의 복제된 내가 있으면 좋겠다

내가 부재중이거나 잘못되면
나 대신 제대로 기능할 수 있는

부리나케

하루하루를
부리나케 사는 사내가 있다

달리는 것도 눈썹이 휘날리도록, 부리나케
3일 치 열 개 신문 보는 것도 2시간 안에, 부리나케

누가 쫓아오는 것도 아닌데, 부리나케
누가 내 시간의 꼬랑지에 불을 붙이는 것도 아닌데, 부리나케

부리나케 산다고
들불처럼 살림살이가 확확 늘어나는 것도 아닌데

부리나케 산다고
타오르는 불꽃처럼 행복 지수가 쑥쑥 올라가는 것도 아닌데

부리나케 산다고
다가오는 죽음이 더디 오는 것도 아닌데

아무래도 그 누군가가

내 몸과 마음 빨리 움직여,

정신없이 살다가 정신없이 휙 가라고
내 마음의 아궁이에 활활 장작불을 때는 모양이다

시를 쓸 때 나는

시를 쓰기 시작할 때만 해도
시의 주인은 분명히 나고
연필은 나의 도구에 불과하다고 생각하는데

한창 시 쓰기에 몰입해 있을 때는
시를 쓰는 시의 주인은
내가 아니고
연필이거나
이 우주이거나
이 우주 배후의 그 누구라는 것을 깨닫게 된다

나는 단지
시의 도구에 불과하다는 것을 알게 된다

맨 처음 시를 쓰기 시작할 때
연필이 내 밖에 존재하고 있는
나의 도구라고 생각했던 것처럼,

시는 이미
내가 알 수 없는 어느 곳에

이 우주와 더불어 존재하며
시 밖에 있는 나를 도구라 생각할지도 모를 일이다

다만 시는
우연에 의한 것이든
필연에 의한 것이든
내 몸을 통해 드러날 뿐이다

종교와 시詩 사이
―또는 믿음과 의심 사이

기독교 신자인 아내가 가는 길은
확고한 믿음의 길이고

시를 쓰는 내가 가는 길은
끊임없이 의심하고 부정하고 뒤엎으며
끊임없이 나를 지우는 길이다

교회의 하나님을 섬기는 데는
추호의 부정이나 의심이나 회의도 없어야 하지만
같은 소재의 시라도 어제와 다른 시를 쓰기 위해서는
어제의 나와 냉정하게 결별하고
어제 내가 써놓은 시까지 가차 없이 부정하고 버려야 한다
 심지어 내가 섬기는 우주적 하나님도 수시로 부정하고 버려야 한다

 옛 나를 버리지 않고는 새 나를 얻을 수 없기 때문이다
 옛 시를 버리지 않고는 새 시를 얻을 수 없기 때문이다
 옛 하나님을 버리지 않고는 새 하나님을 얻을 수 없기 때문이다
 묵은 과거를 버리지 않고는 새 미래를 얻을 수 없기 때문이다

아내가 가는 길이
모든 의심의 샛길 잘라내고
모든 불신의 구멍 메우며 가는
외통수 확고하고 단단한 고속도로 아스팔트 길이라면

내가 가는 길은
아스팔트 길에 구멍을 숭숭 내거나
아스팔트 길의 아스팔트를 걷어내며
천지사방으로 실핏줄처럼 샛길이 뻗어나가는
부드러운 흙길이며 오솔길이다

우주가 팽창하고 있다면 그것은
우주적 하나님도 끊임없이 자신을 부정하고 버리며
혁신을 도모하고 있기 때문이다

어떤 진화進化

까마득히 높은 허공을 나는
기러기의 힘찬 날갯짓에
하늘은 더 높아지고

수면 위로 높이 솟구쳤다가 떨어지는
고래의 힘찬 다이빙에
바다는 더 깊어지고

광활한 초원을 달리는
누 떼의 힘찬 질주에
지평선은 더 멀어진다

여의도 강변에서

깊고 넓은 것은
고요하다는 것을,

여기 여의도를 끼고 흐르는 강물은
입 없는 입
말 없는 말
고요로 말하고 있다

여의도 고층 빌딩 숲에는 말들이 무성하지만
밤섬 낮은 숲에는 푸른 고요가 가득하다

죽음의 색깔

불효막심한 이야기가 되겠지만
아버지 돌아가셨을 때
내 첫 느낌은 무덤덤함이었는데,

지는 낙엽과 함께 가랑비 내리고
만가輓歌 소리 장단에 맞춰
아버지 태운 상여가 뒷산 장지葬地로 향할 때
비로소 눈물이 쏟아졌는데,

내 삶과 무관하고
현실도 아닌 영화나 드라마
젊고 예쁜 여배우의 안타까운 죽음은
왜 슬픈 노래 없이도 눈물 주고
눈물 없이는 바라볼 수 없게 하나

아버지의 죽음은 어둡고 칙칙한 한 편의 산문인데
왜 젊은 여배우의 죽음은 우아하고 서정적인 시詩 한 편인가

죽음에도
계급이 있고
장르가 있는가

겨울바람

활엽수는 나뭇잎을 다 떨군 후
제 몸을 다 비웠다며
하늘을 향해
당당하고 늠름하게 뽐내듯이
겨울 언덕에 서있지만,

멀리서 지켜보던 그는
아직도 멀었다고
비웠다는 그 마음까지 비우라며
겨울바람을 시켜
겨울나무의 마음을 모질게 친다

함박눈을 맞으며
—어느 빈자貧者의 일기

펑펑 쏟아지는 함박눈을 맞으며 든 생각
하나

하늘은 참 공평하다는 것

시골과 도시
부자 동네와 가난한 동네
전혀 가리지 않고
골고루 눈을 내린다는 것

축복처럼 내리는 함박눈 맞으며 든 생각
둘

같은 모양
같은 크기의 눈이라도
가난한 동네일수록
목화송이, 흰 쌀밥처럼
따듯하고 맛있게 내린다는 것

그래서 가난한 마을 아이들은

돈벼락 아닌 눈 벼락이라도 맞으려고
이 골목 저 골목 뛰쳐나와
우산도 없이
함박눈을 맞으며
하염없이 뛰어다닌다는 것

군침

어떤 음식을 앞에 놓고
입안에 가득 군침이 고일 때만큼
입에서 혀와 목구멍을 거쳐 창자까지 온통
기분 좋게 흥분되는 때는 없다

입맛을 당기고
군침을 돌게 하는 음식을
내 안에 깊이 들이는 일이야말로
사랑하는 사람을 내 몸 안에 받아들이는 것 못지않게
우주를 내 안에 깊이 받아들이는 엄청난 사랑이기 때문에

군침이야말로
한 남자가 한 여자의 몸속으로 들어가고 싶을 때나
한 여자가 한 남자의 몸을 받아들이고 싶을 때처럼
그 간절하고 격렬하고 찬란한 만남의 길을 열어주기 위해
몸 전체가 흘리는 애절한 눈물이기 때문에

군침이야말로
내 입, 내 혀, 내 목구멍, 내 창자가 우주를
아주 맛있고 격렬하게 받아들일 준비가 돼있다는 사실을

우주에 보내는 간절한 신호이기 때문에

고통과 고통 사이
불행과 불행 사이에
문득문득 찾아오는 기쁨이나 재미도
살맛을 돋우고
살맛을 당기기 위해
내 마음이 흘리는 군침이기 때문에

근심

마음에 씨가 있는 것처럼
마음 덜 흔들리고
마음 쑥쑥 자랄 수 있도록
마음 뿌리, 혹은 뿌리 마음
근심根心이 있다는 것
얼마나 큰 축복인지 모른다

근심이야말로
육체와 정신을 이어주고
현실과 꿈을 이어주고
전생과 이승을 연결해 주고
이승과 저승을 연결해 주고
인간과 신을 연결해 주기 때문에

근심이야말로
사람의 걱정 하늘에 전하고
하늘의 뜻 사람에 전하는
핫라인이기 때문에

저 근심이 없다면

정화수도 없고
성황당도 없고
법당도 없고
교회도 없기 때문에

그러기에
낫 놓고 기역자도 모르시던 어머니
살아생전 팔 남매 키우시면서
근심이 무엇인지 경험만으로도 크게 깨닫고
어느 날 나에게 오도송悟道頌으로
"사람의 한평생은 근심의 힘으로 사는 것이니라"
한 말씀하셨다

내가 달려야만 하는 이유는

나는 마라톤 대회에 참가할 때
나 자신과 싸우러 가지 않는다

한계 안에 갇혀있는 나를 극복하러 가고
대립하고 갈등하는 나와 화해하러 간다

나를 이기려 가는 것이 아니고
나를 사랑하기 위해 간다

싸움은 분열이고
사랑은 통합이기 때문에

삶이 가장 두려워하는 것

삶이 가장 두려워하는 것은
죽음이 아니라
삶 자체인지도 몰라

살아있는 동안은
살아있는 것들끼리
끊임없이 치고받으며 으르렁거리지만
죽음이 된 것들은
저희끼리 죽어라 싸울 일도 없기 때문에

죽음이 된 것은
모든 것을 감싸 안고
모든 것을 화해시키기 때문에

삶이 죽음의 먹이가 되는 것은
죽음이 배고프거나
죽음이 삶을 원수처럼 미워해서가 아니라
상처투성이 삶을 치유하거나 소화시킬 수 있는 것이
오직 죽음의 따뜻한 뱃속밖에 없기 때문에

늙어가면서 변하는 것

나이가 들며 부쩍 변하는 것

입으로 먹는 것은
아직도 이것저것 가리지 않고 잘 먹는 편인데
눈과 귀와 마음은
하루가 다르게 점점 까다로워진다는 것

그토록 좋아하던 책
그토록 좋아하던 음악인데
웬만한 글
웬만한 노래는
눈과 귀와 마음에
쏙쏙 들어오지 않는다는 것

이러다가 죽음 가까이에 이르면
내 좋아하는 것 있을지 모를 정도로
늙어간다는 것은 결국
흥미와 재미와 의미는 줄어들고
무의미만 늘어간다는 것

한마디로
살맛 줄어들고
죽을 맛만 늘어난다는 것?

둥근 마음이여!

사람이 갈수록 모질어지는 것
다 이유가 있다

하늘을 찌르며 솟아오르는
저 뾰족하고 각이 진 고층 빌딩들

눈에는 보이지 않으나
하늘이 속으로는 만신창이가 되어가는데

그 하늘 아래
하늘을 닮은 인간의 마음이
어찌 온전할 수 있겠는가

하늘에서 내린 둥근 물방울 하나
온전히 받아들일 수 없는
모난 집에서 자란 아이가

어찌,
둥근 대지와 하늘을 헤아리고
둥근 마음을 앞세워

둥근 대지
둥근 하늘과 더불어
둥글둥글 의좋게 살아가며
둥근 삶을 도모할 수 있겠는가

선정禪定

갑자기 시계가 고장 나
정지된 시간의 틈을 이용하여
시계와 나는
재빨리 시간을 잊고
시간의 노예인 만사萬事 몽땅 제쳐놓은 다음
함께 선정禪定에 들었다

시계가 고장 난 것은
시계를 만든 회사의 잘못인지
시계의 고의, 아니면 우발적인 사고인지
시계 속 폭주하던 시간의 잘못인지
시계를 잘못 관리한 나의 잘못인지
책임은 나중에 묻기로 하고

쓰레기를 버리며

이사하며 생긴 온갖 잡동사니 쓰레기를 버리면서
번개처럼 온 소식 하나

세상에서 가장 위대한 존재는
쓰레기를 치우는 청소부나
아예 쓰레기를 먹어치우는 청소동물이라는 것

특히
내 개인에 국한해서 말하자면
내 안 맨 밑바닥에 존재하며
내 안에서 발생한 온갖 증오나 슬픔을
깨끗이 먹어치우는 그 누구라는 것

그들이 아니면
내 안팎은 온통 쓰레기로 덮이거나 넘쳐
결국은 나 역시
쓰레기로 살다가
쓰레기로 죽어야 할 판이기 때문에

식탁

살아오며
수많은 성전聖殿을 둘러봤지만
내 집 식탁만큼 거룩한 성소聖所도 없다

천지가
세상의 수많은 동식물
세상의 수많은 손을 거쳐
내 몸 내 입에 맞게
아주 구체적인 모습과 맛으로
모여있는 곳이기 때문에

식탁에 앉아
내가 내 앞에 놓인 음식을 향해 해야 할 일은
엄숙히 머리 숙여 가며
최대한 감사한 마음으로 정중하고 맛있게
그들을 내 안 깊숙이 모셔 오는 것

맛있게 먹으면 먹을수록
내 입맛
내 생존을 위해

기꺼이 목숨을 내준
이 땅의 동식물에게 덜 미안한 일이므로

맛있게 먹는 것이야말로
내가 그들에게 보낼 수 있는
최상의 예의이고
최고의 도덕이므로

아픔 없이 어떻게

아픔 없이 무슨 염치로
해와 달과 별을 바라보고

아픔 없이 무슨 배짱으로
청천 하늘을 올려다보고

아픔 없이 무슨 면목으로
저 예쁜 꽃들에 눈을 맞추고

아픔 없이 어떻게
이 푸른 별에서 살 수 있고

아픔 없이 어떻게
이 삶을 사랑할 수 있으랴

여행

내 스스로
나를 버리지 못하거나
새롭게 태어날 수 없을 때

새로운 세상
새로운 풍경을 만나
새로운 것을 통해서라도
내 마음의 지옥을 벗어나고 싶을 때

내 나라
내 집은 물론이거니와
나로부터 아주 멀리
어디론가
훌쩍 떠나고 싶다

여행은
소리 없는 혁명
피 흘리지 않는 부활이므로

죽음

저승사자가 내게 와서
나를 꼼짝달싹 못하도록 해놓고
이 생生 마지막으로 실시하는
전무후무한 대청소

평생토록
내 몸에 남긴
오물
악취를
하나도 남김없이
싹 없애 주므로

천년 전의 약속
―그 어떤 사랑 노래

기억이 나실지 모르지만
지금 우리가 이렇게 만난 것은
천년 전의 약속 때문이지요

천년 전 우리 만남이
너무 슬프고
너무 무겁고
너무 아픈
피다 만 사랑이어서,

천년 후
저 봄꽃보다 환한 세상
제대로 한번 피우기 위해
다시 이 땅에서 만나기로 한 것이지요

초가을

호우주의보 해제를 알리며
노랑나비 한 마리 아파트 숲을 천천히 비행하고 있다

하늘과 땅 사이를 가로막고 있던 잿빛 구름
빠른 속도로 철군하고 있다

바다로 철수하고 있는 구름과 구름 사이
햇빛이 폭포처럼 쏟아지고 있다

햇빛 샤워를 마친 흰나비 한 마리
코스모스 꽃잎에 앉아 오수를 즐기고 있다

침묵을 여는 소리

초여름 어느 하루 이른 아침
신도시 아파트 공사장 인근 숲속에서
뻐꾸기가 노래 부른다

있는 힘을 다하여
암컷을 향해
아주 간절하고 애절하고 섹시하게

뻐꾸기의 지금 저 노래는
아침의 고요를 깨뜨리는 것이 아니라
상처 난 고요의 가슴을 치유하거나
고요의 가슴을 더 맑고 깊게 수리하는 것이다

오늘은
오랜 침묵을 열고 저 푸른 숲속에서
푸른 숲보다 더 푸르고 싱싱한 언어가
고요가 내준 길을 통해
시위를 떠난 화살보다 더 빠르게 날아올 것 같다

타락과 고통

내가 누리고 있는
지금, 이 삶
이 일상에,

미안하거나
고맙거나
감사한 마음이 없다면,

나는 이미 타락하고 있다는 증거다
신과 멀어지고 있다는 증거다
타락은 신과 멀어지는 일이기 때문에

타락하기 시작할 때
고통은 어김없이
내 몸을 찾아온다

더 이상의 타락을 막기 위해
다시 감사하는 마음으로 되돌리기 위해
다시 신과 가까운 자리에 앉혀 놓기 위해

고통을 느낀다는 것은
그가 나에게 존재한다는 증거이고
그가 아직도 나를 사랑한다는 신호다

고통은
그가 타락한 나에게 보내는
최고의 명의$_{名醫}$, 최상의 명약$_{名藥}$이기 때문에

투명함에 대하여

투명한 것은,

온통 깨어있는 것이다
온통 비어있는 것이다
지극히 단순해진 것이다

투명함 앞에서는,

삼라만상 아무리 복잡한 그 어느 것도
숨을 곳이 없고
거짓말을 할 수도 없다

투명함은,

신의 눈동자이거나
신의 마음이거나
신의 눈빛이기 때문에

해 설

사이

문종필(문학평론가)

선택

이정범 시인은 사이를 걸어 다닌다. 아니다. 그는 사이를 뛰어다닌다. 사이의 사이에 머물러 사이를 이야기한다. 사이 속에 서성거리면서 이쪽과 저쪽을 쳐다본다. 사이 주변을 돌면서 아래와 위를 응시한다. 그런데 그는 사이 주변에서 사이만이 지니고 있는 장점을 채득하지 않았다. 사이는 사이일 때 사이만이 가질 수 있는 힘을 증폭시킬 수 있는데 시인은 이 방법을 선택하지 않고 힘 있게 한쪽을 붙들었다.

사이는 어느 편도 들지 않는다. 사이는 견고한 돌덩이를 온전히 놔두지 않는다. 항상 틈을 만들어낸다. 땅땅거리는 태도를 뭉개버린다. 사이는 이방인처럼 떠돌며 그 누구와도 함께 호흡하지 않는다. 사이는 늘 항상 주변을 돌고 돈다. 그래서 사이의 구두 밑창은 경사를 가지고 있다. 평평하게 서 있지 못한다. 사이는 그런 존재다. 사이는 그런 대상이다.

하지만 시인은 선과 악을 선택하지 못해 고뇌하지 않는다. 과감히 악을 선택하고 망설임 없이 선을 선택한다. 시인은 사이에 서있지만 사이 자체를 중심으로 만들지 않는다. 항상 사이에서 과감히 선택한다. 이 태도가 이 시집의 장점일 수 있고 단점일 수 있다. 누군가는 이러한 사유를 의미 있는 것으로 생각할 수 있지만 다른 누군가는 긴장이 흘러내린다고 비판할 수 있다. 이쪽과 저쪽은 항상 저쪽에서 바라본 이쪽이며 이쪽에서 바라본 저쪽이다. 시인도 이 지점을 외면하지 못한다. 그는 다만 자신이 서있는 위치에서 선택하고 바라본 세상에 무게를 더할 뿐이다.

그는 살맛을 좋아한다. 그는 늘 죽음 주변을 돌아다닌다. 죽음을 응시하는 것은 역으로 삶을 응시하는 것이기에 시인의 삶은 늘 항상 살아있다. "늙어간다는 것은 결국/ 흥미와 재미와 의미는 줄어들고/ 무의미만 늘어간다는 것"(「늙어가면서 변하는 것」)을 잘 알고 있기에 살아있는 지금 이 순간에 더 값진 의미를 부여한다. 시인은 여러 편의 시에서 죽음을 응시했다. 그만큼 지금, 여기의 삶을 능동적으로 이끌어가고 싶어 한다.

그는 여행을 좋아한다. 자신의 마음이 지옥이라고 생각할 때 여행을 떠난다. 시간을 잊는다. 시간 속에 얽매여 사는 것을 두려워한다. 달린다. "나 자신과 싸우"기 위해 달리는 것이 아니라 내 안에 있는 "나와 화해"(「내가 달려야만 하는 이유는」)하기 위해 달린다. 열망을 품는다. 열망 없는 삶을 지지하지 않는다. 그의 심장은 뜨겁다. 뜨겁고 뜨거워서 식지 않는다.

놀이는 대상을 포획하지 않는다. 여기서 포획은 포획이 아니다. 놀이는 미메시스의 영역이다. 시인은 놀이의 속성을 알고 있기에 놀이를 좋아한다. 놀이의 영역에서는 대상과 내가 하나가 된다. 그는 이런 삶을 지지하고 응원한다. 하지만 지지한다고 해서 모든 것이 이뤄지는 것은 아니다. 이 글을 쓰는 나도 그렇고 시집을 읽는 당신도 그렇다. 놀이의 영역으로 뛰어들기가 쉽지 않다. 그래서 우리는 놀이를 지향한다.

　　내게 슬픔이나 고통이 올 때는
　　그냥 아무 말없이 받아들이기로 하자

　　내가 무의식적일 만큼 자연스럽게
　　매일매일
　　매 순간 순간
　　자연 속 내 다른 한쪽
　　햇빛과 공기와 어둠을 받아들이듯이

　　슬픔이나 고통이 내게 올 때는
　　오지 않으면 안 될

그만한 이유가 있을 것이라고 생각하자

나도 모르는 내 안의 그가
나도 모르게 내 자신이 그토록 간절하게 원한 것이
슬픔이나 고통인 줄 알고 내게로 보낸 선물이거나,

아니면, 내게로 오는 슬픔이나 고통은
언젠가 내 몸에서 떠난
내 몸의 일부였던 기쁨이었거나,

그 어떤 연유에서건
중요한 것은,

슬픔이나 고통이 지나갈 때마다
내 자신은 부쩍부쩍 자라거나 성숙하고
더 큰 성장 더 알찬 성숙을 위해
더 큰 슬픔이나 고통을 맞이할 준비를 한다는 것
　　　　　　　—「슬픔이나 고통이 올 때는」 전문

　시인은 삶을 긍정하는 자다. 슬픔이나 고통을 몸에 새기지 않는다. 슬픔을 슬픔으로 고통을 고통으로 달랜다. 자신 안에 있는 상처를 치유한다. 이러한 긍정의 힘이 균형을 깨트려 기울기를 갖게 하는지 모른다. 이 힘이 그를 한쪽으로 끌어당겨 옳고 그름을 판단하게 하는 것 같다. 그렇다고 해서 시인이 이분법적으로 하나의 대상만을 선택하는 것은 아니다.

같은 아파트 건물인데도
내가 사는 12층에서 밖을 내다보면
주변의 산이 사방팔방의 아파트에 가려져 거의 안 보이는데
꼭대기 14층에서 내다보면
청계산과 관악산 줄기가 한눈에 들어온다

불과 2층 높이
불과 6m 안팎 높이 차이인데도
12층에서 내가 볼 수 없는 것을
14층 사람은 아예 창문에 넣어두고 산다

(물질의 세계에서 이 정도 높이 차이에
보고 못 보는 것이 갈라진다면
정신의 세계에서는 백지 한 장 차이에도
깨닫고 못 깨닫는 것이 얼마든지 갈라질 수 있다는 생각)

그런데
나는 14층에 저녁 식사 초대받아 올라가자마자
창밖에 펼쳐진 청계산과 관악산 줄기를 바라보며
잃어버린 신神을 찾은 것처럼 감탄하고 기뻐하는데
정작 14층 남자는 관심이 없다는 듯 무덤덤하다

14층 남자가 매일매일 하루에도 몇 번
나한테는 보이지 않는 신을 향해 경탄의 눈물과 미소를 보내는데
나는 그가 믿는 신을 향해 무덤덤해하는 것처럼

    그 이유인즉
    나는 유물론자唯物論者이고
    그는 유심론자唯心論者이기 때문일까
                    ―「관점의 차이」 전문

  시인은 차이를 인식하기도 한다. 무턱대고 이쪽과 저쪽 중 하나만을 선택한 것이 아니라 다르다는 것을 인정한다. 그렇다면 자연스럽게 그가 이쪽과 저쪽 중 한쪽을 선택한 이유가 궁금해진다.

  그것은 이로운 것과 관련 있다. 그는 삶에서 이로운 것들을 하나둘 펼쳐 보인다. 여기서 이로운 것은 문명에 대한 반기일 수 있고 오염된 우리의 인식일 수 있다. 시인에게 아닌 것은 분명히 아니다. 그는 냉정하고 단호한 사람이다. 그래서 더 나은 무엇인가를 선택한다.

성찰

  이 시집의 또 다른 특징은 삶의 성찰을 드러내는 시편이 적지 않다는 점이다. 방식은 두 가지로 펼쳐진다. 시인 개인의 삶에서 직접적으로 분출되는 경우가 있고, 낯선 대상에게 시인의 삶을 덧씌우는 방법이 있다. 이 작품들은 독자들로 하여금 깨달음을 준다는 측면에서 걷던 발걸음을 멈추고 경청

할 만하다. 타당성이나 동의 여부를 떠나서 어떤 방식이든지 생각할 것들을 제공해 준다.

>한여름 어둠이 채 가시지 않은 이른 아침
>건설 중인 신도시 아파트 공사 현장에서
>무슨 일이 있었던 걸까
>
>새벽같이 집을 나온 노동자들
>각자 자기 자리에서 맡은 일을 시작하는데
>한 사람은 현장을 빠져나와 다시 버스 정류장으로 향한다
>
>담배 한 대 피워 물고
>고개는 푹 숙인 채
>
>막노동하려고 왔는데
>일자리가 없었던 걸까
>
>아니면 갑자기 집에
>무슨 변고가 생긴 걸까
>
>가족들의 내일이 캄캄하여
>담배 연기만 하늘로 멀리 보내는
>저 천근만근의 발걸음
>
>짊어진 배낭 속에는
>아내가 새벽같이 마련해 준

아직도 따끈따끈한 보온 도시락이 있을 것이다
—「무거운 귀가」 전문

　막노동을 하는 한 사내의 사연이 담겨 있다. 막노동자는 노동으로 일당을 버는 사람들이다. 노동을 통해 화폐를 받는 자들이다. 몸이 고장 나면 돈벌이를 하지 못하는 사람들이다. 막노동하는 사람에게 몸은 화폐나 다름없다. 몸만이 유일한 교환가치 수단이다. 몸을 쓸 수 없다면 쓸모없는 존재로 낙인된다. 화폐로 따지자면 유통될 수 없는 종이다. 막노동꾼이 노동하지 못한다는 것은 그래서 슬프다. 밥벌이 수단이 유용하지 못하니 굶을 수밖에 없다. 그가 책임져야만 하는 가족들도 함께 배를 움켜쥐어야 한다. 이 시는 이런 사연을 담고 있다. 화폐로 교환되지 못하는 다양한 노동을 생각나게 해준다.

　푸른 숲!

멀리서 바라보면
한마음으로 통일된
그지없이 평화로운 그림 한 편이나

가까이 다가가 들여다보면
땅 한 뼘
물 몇 모금
햇볕 한 줌이라도

더 차지하기 위해 다투는
나무들의 치열한 싸움터

그렇지만
더욱 자세히 눈여겨볼 것은
경쟁 자체가 아니라
경쟁의 방식

사람 사는 세상처럼
피 흘리고
고막 터지는
악다구니 전쟁이 아니라
소리도 없이
아주 고요하게 다투고 있다는 것

경쟁은 이렇게 하는 것이야
인간들에게 한 수 가르쳐주듯이

—「경쟁」 전문

  이 작품도 마찬가지다. 진정한 경쟁이 무엇인지 가르쳐준다. 사람 사는 세상의 경쟁을 비판하며 진정한 경쟁이 무엇인지 이야기해 준다. "피 흘리고/ 고막 터지는/ 악다구니 전쟁"이 아닌 "소리도 없이/ 아주 고요하게 다투"는 경쟁이 보다 의미 있지 않느냐고 묻는다. 우리에게 진정한 경쟁은 무엇인가.

시인

  시를 쓴다는 것은 무엇일까. "나의 우물"에서 벗어나는 것일까. "우주 한복판"에 서는 것일까. "바다나/ 산이나/ 하늘만큼"(「시를 쓸 때만큼」) 넓어지는 것일까. 시인의 말처럼 시 쓰는 행위가 이롭다면 쓰지 않을 이유가 없다.

    시를 쓰기 시작할 때만 해도
    시의 주인은 분명히 나고
    연필은 나의 도구에 불과하다고 생각하는데

    한창 시 쓰기에 몰입해 있을 때는
    시를 쓰는 시의 주인은
    내가 아니고
    연필이거나
    이 우주이거나
    이 우주 배후의 그 누구라는 것을 깨닫게 된다
                      —「시를 쓸 때 나는」 부분

  시인은 말한다. 시를 쓰는 주인은 내가 아니라 당신이라고 말이다. 당신으로 인해 글은 쓰이고 당신으로 인해 내가 버틸 수 있다고 말이다. "이 우주 배후의 그 누구라는 것"을 깨닫게 되었다고 말이다. 당신으로 인해 나는 바다가 되고 하늘이 되고 산이 된다.

천년의시인선

0001 이재무 섣달 그믐
0002 김영현 겨울 바다
0003 배한봉 黑鳥
0004 김완하 길은 마을에 닿는다
0005 이재무 벌초
0006 노창선 섬
0007 박주택 꿈의 이동 건축
0008 문인수 홰치는 산
0009 김완하 어둠만이 빛을 지킨다
0010 상희구 숟가락
0011 최승헌 이 거리는 자주 정전이 된다
0012 김영산 冬至
0013 이우걸 나를 운반해온 시간의 발자국이여
0014 임성한 점 하나
0015 박재연 쾌락의 뒷면
0016 김옥진 무덤새
0017 김신용 부빈다는 것
0018 최장락 와이키키 브라더스
0019 허의행 0.그램의 시
0020 정수자 허공 우물
0021 김남호 링 위의 돼지
0022 이해웅 반성 없는 시
0023 윤정구 쥐똥나무가 좋아졌다
0024 고 철 고의적 구경
0025 장시우 섬강에서
0026 윤장규 언덕
0027 설태수 소리의 탑
0028 이시하 나쁜 시집
0029 이상복 허무의 집
0030 김민휴 구리종이 있는 학교
0031 최재영 루파나레라
0032 이종문 정말 꿈틀, 하지 뭐니
0033 구희문 얼굴
0034 박노정 눈물 공양
0035 서상만 그림자를 태우다
0036 이석구 커다란 잎
0037 목영해 작고 하찮은 것에 대하여
0038 한길수 붉은 흉터가 있던 낙타의 생애처럼
0039 강현덕 안개는 그 상점 안에서 흘러나왔다
0040 손한옥 직설적, 아주 직설적인
0041 박소영 나날의 그물을 꿰매다
0042 차수경 물의 뿌리
0043 정국희 신발 뒷굽을 자르다
0044 임성한 이슬방울 사랑
0045 하명환 신新 브레인스토밍
0046 정태모 딴못
0047 강현국 달은 새벽 두 시의 감나무를 데리고
0048 석벽송 발원
0049 김환식 천년의 감옥
0050 김미옥 북쪽 강에서의 이별
0051 박상돈 꼴찌가 되자
0052 김미희 눈물을 수선하다
0053 석연경 독수리의 날들
0054 윤순영 겨울 낮잠
0055 박천순 달의 해변을 펼치다
0056 배수룡 새벽길 따라
0057 박애경 다시 곁에서
0058 김점복 걱정의 배후
0059 김란희 아름다운 명화
0060 백혜옥 노을의 시간
0061 강현주 붉은 아가미
0062 김수목 슬픔계량사전
0063 이돈배 카오스의 나침반
0064 송태한 퍼즐 맞추기
0065 김현주 저녁쌀 씻어 안칠 때
0066 금별뫼 바람의 자물쇠
0067 한명희 마른나무는 저기압에가깝다
0068 정관웅 바다색이 넘실거리는 길을 따라가면
0069 황선미 사람에게 배우다
0070 서성림 노을빛이 물든 강물
0071 유문식 쓸쓸한 설렘
0072 오광석 이계견문록
0073 김용권 무척
0074 구회남 네바강의 노래

0075 박이현 비밀 하나가 생겨났는데
0076 서수자 아주 낮은 소리
0077 이영선 도시의 풍로초
0078 송달호 기도하듯 속삭이듯
0079 남정화 미안하다, 마음아
0080 김젬마 길섶에 잠들고 싶다
0081 정와연 네팔상회
0082 김서희 뜬금없이
0083 장병천 불빛을 쏘다
0084 강애나 밤 별 마중
0085 김시림 물갈퀴가 돋아난
0086 정찬교 과달키비르강江 강물처럼
0087 안성길 민달팽이의 노래
0088 김숲 간이 웃는다
0089 최동희 풀밭의 철학
0090 서미숙 적도의 노래
0091 김진엽 꽃보다 먼저 꽃 속에
0092 김정경 골목의 날씨
0093 김연화 초록 나비
0094 이정임 섬광으로 지은 집
0095 김혜련 그때의 시간이 지금도 흘러간다
0096 서연우 빗소리가 길고양이처럼 지나간다
0097 정태춘 노독일처
0098 박순례 침묵이 풍경이 되는 시간
0099 김인석 피멍이 자수정 되어 새끼 몇을 품고 있다
0100 박산하 아무것도 묻지 않았다
0101 서성환 떠나고 사라져도
0102 김현조 당나귀를 만난 목화밭
0103 이돈권 희망을 사다
0104 천영애 무간을 건너다
0105 김충경 타임캡슐
0106 이정범 슬픔의 뿌리, 기쁨의 날개